ŽAN EŠENOZ

GODINU DANA

DANA

Roman

IZDAVAČKO PREDUZEĆE „RAD"
BEOGRAD

Viktoar je, probudivši se jednog februarskog jutra ne sećajući se prethodne večeri a zatim otkrivši Feliksa mrtvog kraj sebe u krevetu, spakovala kofer pre nego što je svratila u banku i uhvatila taksi do stanice Monparnas.

Bilo je hladno, vazduh je bio čist, sva prljavština stegla se po ćoškovima, dovoljno hladno da se raskrsnice izduže i da se kipovi ukoče, taksi je ostavio Viktoar na kraju ulice Dolaska.

Na stanici Monparnas, na kojoj se termostat sastoji od tri sive crte, još je ledenije nego drugde: od uglačanog antracita na peronima, sirovog armiranog betona u visini i bisernosivog metala brzih vozova korisnik se skameni u ambijentu nalik mrtvačnici. Kao izvađene iz ledenih sanduka, s etiketom oko palca, kompozicije klize ka tunelima, od čega će vam ubrzo prsnuti bubna opna. Viktoar je na ekranu potražila prvi voz koji bi je mogao odvesti najvećom brzinom i u najveću daljinu: jedan, koji je polazio osam minuta kasnije, odvezao bi je u Bordo.

U vreme kada počinje ova priča, Viktoar ni najmanje ne poznaje svet zvani Bordo, kao ni, šire, jugoistok Francuske, ali dobro poznaje februar koji je zajedno s martom jedan od najgorih meseci u Parizu. Ako dakle nije loše izbeći to vreme, više bi volela da to bude pod drugačijim okolnostima. Pošto se uopšte nije sećala časova koji su prethodili Feliksovoj smrti, strahovala je da je ne osumnjiče da je tu smrt izazvala. Ali pre svega, nije želela da bude primorana da daje objašnjenja, a zatim, za to ne bi ni bila kadra pošto, na kraju krajeva, nije ni bila ubeđena da u tome nema nikakvog udela.

Kad su se izvukli iz tunela, Viktoar se zaglušena zatvorila u toalet kako bi prebrojala sumu uzetu iz banke, pošto je podigla najveći deo sa svog tekućeg računa. Suma je dostizala, grubo sabrano, bezmalo četrdeset pet hiljada franaka, odnosno, dovoljno da izdrži neko vreme. Zatim se pogledala u ogledalu: mlada žena od dvadeset i šest godina, mršava i nervozna, odlučnog izgleda, zelenog pogleda, oštrog i opreznog, crne kose ošišane u lepršavu kacigu. Nije joj teško da izbriše svaku emociju s lica, da rastera svako osećanje, ali ipak nije pribrana i vratila se na svoje sedište.

U pravcu kretanja, u pušačkoj zoni, pored prozora, Viktoar se upinjala da sredi sećanja od prethodnog dana još ne uspevajući da rekonstruiše tok večeri. Zna da je jutro provela sama kada je Feliks otišao u atelje, zatim je ručala s Luizom pre nego što je krajem popodneva slučajno srela Luj-Filipa u Centralu. Uvek slučajno u Centralu, često krajem popodneva, Viktoar je sretala Luj-Filipa dok je on nju, ma gde bila i u bilo koje vreme, uvek umeo da nađe kad poželi. Sećala se da je popila nekoliko čašica s njim i da se onda, možda malo kasnije nego obično, vratila kući – a potom, neopozivo, ništa više. Svako drugi bi na Viktoarinom mestu potražio savet od svojih bližnjih, ali ona ne, onako bez porodice i sa svim porušenim mostovima.

Događaji će joj se vratiti u sećanje pre ili kasnije, nema sumnje, zato ne treba insistirati, zato treba kroz prozor posmatrati donekle industrijalizovane seoske predele, sve nalik jedan drugom, bez i najmanjeg brežuljka da se pogled za njega zakači a da nije zaklonjen iza terasastih leja. Bandere, električni kablovi i priključnice na autoputeve koji se ukrštaju, njive sa stočnom hranom, parcele pored iskopanih rupa. Izdvojene na ledinama među odsutnom stokom ocrtavale su se tehničke zgrade koje su pripadale ne zna se čemu, fabrike, čovek se pita, čega. Mada ograničenog broja vrsta i mirisa, drveta nisu bila ništa manje slična među sobom nego automobili na autoputu koji je na trenutak tekao naporedo sa šinama.

Ukratko, ničega da čemu bi se dugo mogla zadržati a da se ne zamori, ali unutrašnjost voza, napola praznog u to doba godine, nije pružala nimalo zanimljiviji prizor. Neki stariji par, tri sama muškarca od kojih je jedan, maser, spavao, dve same žene, od kojih jedna trudna, zatim grupa devojaka s konjskim repovima, zubnim protezama i sportskom rancima, ukratko, nerešen rezultat. Zaboden u knjigu o anatomiji, umorivši se od pokazivanja uvek iste stranice, maserov kažiprst povremeno je podrhtavao. Viktoar je ustala, a zatim, dotičući naslone stolica kako bi održala ravnotežu, pošla ka vagon-restoranu.

Tamo je, kroz široke staklene prozore, sama sa svojih četvrt litra vitela, posmatrala panoramu bez stalnog mesta boravka koja nije menjala ništa više osim njenog identiteta, ništa više nego pasoš, ni pejzaž ne čini osobu, osobenih znaka nema. Okruženje kao da je bilo postavljeno u nedostatku nečega boljeg, stvar je samo u tome da se ispuni praznina dok se čeka na bolju ideju. Nebo se sastoji od jednoličnog oblaka gde poput slabo plaćenih statista bez ubeđenja preleću anonimne crne ptice i sunce pripušta nekakvu nemuštu svetlost kao u čekaonici, a od časopisa kojim bi se utucalo vreme ni traga ni glasa. Vrativši se na mesto, Viktoar zadrema, poput ostalih, sve do stanice u Bordou.

Nameravala je da u Bordou postupi na isti način kao i na Monparnasu i da uskoči u prvi voz koji naiđe ali ih je više polazilo u isto vreme, jedan je išao u Sen-Žan-de-Liz, drugi u Oš, treći u

Banjer-de-Bigor. Trebalo je zametnuti tragove, ne znajući previše dobro zašto, te je Viktoar tri puta izvlačila na sreću jedno od ovih odredišta a zatim, pošto joj je svaki put izlazio Oš, kako bi ih pred samom sobom još bolje zametnula, izabrala je Sen-Žan-de-Liz.

Stanica u Sen-Žan-de-Lizu izlazi pravo na centar grada, prema pristaništu. Pošto je ostavila kofer u automatskom sandučetu u garderobi, Viktoar je kupila plan grada u novinarnici i pošla ulicama. Bilo je to sredinom popodneva, radnje su se ponovo otvarale, a među njima i agencije za nekretnine, te je zastajala pred njima kako bi proučila lokacije. Svaki oglas ilustovan fotografijom nudio je dekor kao u televizijskom filmu, početak nekakvog scenarija, ali Viktoar nije htela da se obrati agenciji – preterani troškovi, lična karta, formulari koje treba potpisivati, dakle pisani tragovi kakve od tog jutra radije ne bi ostavljala za sobom, a ovo je radila samo zato da bi stekla predstavu o cenama. Kada je to učinila, a zatim pokupila prtljag, Viktoar je izabrala hotel u ulici koja nije vodila do pristaništa.

Ostaće tu samo jednu noć. Sledećeg dana, proučila je privatne oglase lepljivom trakom zakačene na staklene izloge radnji. Prilično brzo, već krajem jutra, našla je ponudu koja bi mogla da vrši posao. Preko telefona, vlasnica joj se učinila gostoljubiva i sastanak je dogovoren za sat kasnije. Stanarina je dostizala tri hiljade i šesto

9

franaka, što je Viktoar predložila da isplati u gotovini, na licu mesta, ako joj stan bude odgovarao. Provela bi tu tri meseca.

Viktoar je stigla na naznačenu adresu, pred tesnu, ne baš privlačnu kućicu, malo skrajnutu, u prozračnoj zoni naseljenoj parovima penzionera. Zapušten vrt okruživao je slabo osunčanu zgradu čiji su zadnji prozori gledali na teren za golf, a prednji na okean; vrata i kapci su izgleda bili zatvoreni već dugo vremena. Sedeći na koferu, Viktoar je sačekala dolazak vlasnice kuće, zamišljajući da i ona izgleda slično.

Greška – bila je potpuno drugačija. Svetlog lica i u svetloj odeći, nasmejanih koralno crvenih usana i u kabrioletu u istom tonu, vlasnica po imenu Noel Valad izgledala je kao da lebdi na nekoliko santimetara iznad zemlje, uprkos impozantnom poprsju, ali tako je to s impozantnim poprsjima, jedna vas pritisnu, druga vas podignu uvis, kao vreće s peskom ili baloni s helijumom, a njena prozračna, blistava koža zračila je strogim vegetarijanstvom. Njena prerano osedela kosa bila je stegnuta samo jednom štipaljkom sa šljokicama, bez traga bilo kakve zamisli neke frizure koja bi se krila u glavi bilo kakvog frizera. Noel Valad nije htela da stanuje u kućici koja joj je pripala posle smrti neke rođake, objasnila je dok je pokušavala da otvori vrata, ali nije želela ni da je pusti da propada. Brava je škljocnula.

10

Sastavljena od zapuštenog salona, skromne kuhinje i dve sobe na spratu, razdvojene tesnim kupatilom, kućica je izgledala zapušteno: prenatrpana, memljiva, mračna, ispuštala je nekakav miris na buđ, sam po sebi neprijatan. Tu očigledno odavno niko nije živeo, ali se u njoj moglo stanovati i ničega nije nedostajalo, višak nameštaja je, naprotiv, sadržao višak predmeta sabijenih jedan uz drugi. Osim osnovnih ukrasnih predmeta, stvari koje su pripadale rođaci predate su Katoličkoj pomoći. Iznenada, izgledalo je, u naglom pokretu, život je napustio ovo mesto, i već sledećeg trenutka stvari su ostale da se pune prašinom, da doveka čame iza brzo zatvorenih kapaka. Videlo se da su u poslednjem trenutku, neka knjiga, neka činija, neko jastuče, nasumično promenili mesto, preneseni na stočić, na policu, na naslon kanabeta, rekavši sebi, samo za trenutak, a u stvari zauvek.

Vrhovima prstiju, ne približavajući ih previše, Noel Valad je pokazivala odlepljene prekrečene tapete, kadu prekrivenu krečem, oksidisane predmete od kalaja, zaustavljajući pokret pre tačke dodira, a da Viktoar u prvom trenutku nije shvatila da li to potiče od posebne odvratnosti koju izazivaju ova mesta ili od sveukupnog stava prema predmetima. Međutim, Noel Valad je pokazala naklonost prema svojoj stanarki, nije izrazila nikakvo nepoverenje i formalnosti oko izdavanja svela je na minimum: ni papira ni kaucije, samo

tri meseca unapred u gotovini, koja je blago od-
lepršala, poput zelenih i plavih vilinih konjica, iz
Viktoarine torbice u njenu.

Ta tri meseca koja je odredila Noel Valad ocr-
tavala su Viktoarinu neposrednu budućnost a da
ona o tome nije ni razmislila, poštedevši je brige
oko donošenja odluke koja bi nesumnjivo bila
opterećena oklevanjima. Bila je na tome zahval-
na vlasnici koja je, zovite me Noel, u širokim po-
tezima ocrtala svoj život. Zaposlena u banci ali
samo reda radi, trećinu vremena, uglavnom živi
od alimentacije, imala je nameru da se ponovo
udaje ali nije, sama sam sebi, kaže, najbolji pri-
jatelj. Nije joj dobro ni sa kim osim sa samom
sobom, naglasila je vraćajući se u kola koja joj je
poklonio poslednji muž (nisam mu rekla hvala,
rekla sam mu, dobro znaš da ja ne umem da ka-
žem hvala) iz kojih se, čim ih je upalila, začula
nekakva nestvarna muzika orgulja i talasa. Zatim
je spustila staklo sa svoje strane. Ukratko, zado-
voljna sam što sam naišla na vas, osmehnula se
Viktoari, mrzim ružne žene, one me uvek teraju
da nešto dokazujem. A kad je krenula unazad,
Viktoar se mogla uveriti da je zaista reč o sve-
ukupnom stavu, koji se širi na svaku materijalnu
stvar, koju bi Noel dodirivala bezmalo samo vrho-
vima prstiju, vozeći automobil uz pomoć ma-
gnetnih snopova.

Dok je Noel Valad pričala, Viktoar je u pauza-
ma davala što je moguće manje obaveštenja o se-

bi. Ne iz nekog naročitog zazora, u svakom slučaju, ne samo zato, nego je imala takav običaj, i Luj-Filip joj je često na tome zamerao. Ali Viktoar je takva: pošto morate da govorite kad se s nekim sretnete, ona se izvlači tako što postavlja pitanja. Uvek tako postupa, i veruje da ljudi to ne primećuju.

Pošto je vlasnica otišla, ostavši sama pred kućicom, Viktoar ju je posmatrala kao da je to neka osoba, s izvesnim nepoverenjem, spremna da se brani, onako kako se često držala prema muškarcima čak i kada je ništa nije moglo ugroziti, ali na taj način stavljajući do znanja da bi čovek to mogao učiniti čak i kada mu nije ni na kraj pameti. Taj pogled je nesumnjivo odigrao svoju ulogu u kratkoročnosti zaposlenja koja je Viktoar do sada imala, u neobnavljanju ugovora na određeno vreme. U stvari, poslednjih meseci Viktoar je samo neodređeno ispitivala tržište rada, manje tražeći a više čekajući neku priliku, manje računajući da će živeti od ušteđevine koja se sada nalazi u torbici, a više na Feliksa koji se, do prethodnog dana, brinuo o svemu.

Kasnije je detaljno pregledala kućicu, otvarala prazne ormare u kojima su se sudarale vešalice i fioke zatrpane nepotpunim predmetima: ispražnjenim albumima s fotografijama, ključevima bez natpisa, katancima bez ključeva, manžetnama za haljine i kvakama za vrata, komadićima sveća, delovima opruga iz kreveta, i satom bez velike kazaljke. Na policama je stajalo nekoliko praznih svećnjaka i lampi bez utikača, kao i nešto što bi se moralo nazvati postoljem za svetiljku, vazom za jedan cvet, postavljenim na miljee od platna s pocepanom čipkom. Dve egzotične figurine svedočile su o kolonijalnoj prošlosti.

U plakaru, u gnezdima od prašine, Viktoar je napipala dve stare kutije s bombonama, u vrećicama uvezanim ružičastim i plavim trakama koje su se nastavljale u kićanke i kuglice, u kojima je još bilo šećernih kuglica čija se srebrna prevlaka ljuštila. Na zidu je ispravila portret neznanca. U kupatilu, četkice za zube bez dlake i komadi sapuna, odvratni, lepljivi i trošni ustajali ostaci sredstava za higijenu pretopljeni u prvu generaciju plastične materije. Uza sve otvorene prozore, trebalo je sačekati nekoliko dana da sve to malo izgubi svoj miris, nikada se ne osušivši potpuno.

Viktoar se brzo smestila, ne promenivši ništa u rasporedu u prizemlju i koristeći, u sobi koju je izabrala na spratu, samo jednu komodu u koju je poređala odeću. Lične predmete – dve knjige, vokmen, malog slona od kalaja – poređala je na noćni stočić pored kreveta. Ali novac će sakriti u ormar u drugoj sobi, u dnu dugačke fioke u kojoj su stajali složeni čaršavi. Pohabani, buđavi kao i sve ostalo, ti čaršavi odavno nisu prostirani, i sivo-smeđe-žućkasta crta pružala se duž prevoja.

Ispraznila je svoju sobu od sveg nameštaja i predmeta tako da je, osim komode i kreveta povučenog naspram prozora sa kojeg su skinute zavese, ostalo još samo veliko ogledalo pričvršćeno na bočni zid. Tako tokom dana, kada bi Viktoar legla, pred sobom ne bi imala ništa osim pravougaonika neba poput belog, sivog, plavog lista, u zavisnosti od vremena, podeljenog po sredini letvicom na koju je kvaka na prozoru stavljala tačku. Prvih dana je često ostajala tako, ležeći na krevetu, bilo da je, mada uzaludno, pokušavala da razmišlja o svom životu, bilo da se isto tako uzaludno trudila da uopšte ne razmišlja o tome. Gospodareći kao kraljica okolo kuće, potpuna tišina nije nimalo pogodovala tim pokušajima.

S jedne strane, teren za golf je bio veoma posećen: videle su se grupe prilika, nepomične ili u pokretu koji se odvijao u etapama. Sa druge, mada vidljiv, okean je bio previše udaljen da bi se mogao čuti. Nikakav odjek nije dopirao ni iz okolnih kuća, mada je Viktoar, posle nekog vremena, ponekad počela da primećuje tihe zvuke u okolini kućice. Bio je to diskretan šum pada ili sudaranja, jedva čujan, različite prirode i raspona, prigušen ili tup, ponekad praćen odjekom: jednom je to bio zvuk polomljenog stakla, drugi put tresak velike škrinje, kratko škljocanje, petarda iz koje sukne dugačak plamen, samo jednom prigušen krik. To se događalo neredovno, jednom ili dvaput dnevno, nekih dana uopšte ne.

Viktoar je na kraju počela da ih vreba, ne uspevajući da otkrije njihovo poreklo. Ponekad je bilo dovoljno, pošto se dva dana zaredom ne bi pojavljivali, da zaboravi na njihovo postojanje, pa da je iznenada neki od njih podseti na ceo niz. Barem ih nikada nije bilo noću, nisu joj remetili san.

Prvih dana odlazila je, svakog jutra, da čita lokalne i nacionalne novine pored okeana, uvek na istom mestu, kada bi to vreme dozvoljavalo. Vreme je to dozvoljavalo gotovo uvek, a mesto, odvojeno od obale uskim primorskim drumom, sastojalo se od nagnute zaravni, preuređene, s nedavno zasađenim kržljavim grmovima, podom presvučenim plastikom i novim klupama. Prvih dana po svim novinama je tražila – u crnoj hronici ili po čituljama – neko obaveštenje u vezi s Feliksovom smrću, ali bez uspeha. Kada joj se učinilo verovatno da o tome više neće biti reči, Viktoar je smanjila kupovinu dnevnih novina, koje je na kraju samo ovlašno prelistavala, držeći ih otvorene na kolenima zagledana u okean.

Na njemu, ma kakvo bilo nebo, kao bačene bove ili lopte, stalno su plutale glave surfera koji čekaju talase. Kada bi se neki pojavio, svaki bi se, da bi ga uhvatio, dizao na dasku i bacao se na njegov slap, zadržavajući se nekoliko trenutaka pre nego što se fluorescentnom paraboličnom putanjom prevrne, zaroni u penu, a onda sve počne iznova. Strpljivo, na stazi koja ide duž

obale, njihovi pratioci su čekali surfere u pre-
pravljenim minibusima: kada bi prošla pored
njih vraćajući se kući, Viktoar bi čula krčanje ra-
dija.

Ubrzo je počela da izlazi danju, popodne, pa
zatim čak i uveče, ali oprezno, kao da se oporav-
lja, hodajući kao po jajima. Bilo je malo turista u
to doba godine, malo neaktivnih mladih ljudi: sa-
mo nekoliko starijih parova, ponekad stranaca,
koji su fotografisali pejzaž, fotografisali sebe u
pejzažu, ili molili koga bilo da ih fotografiše za-
jedno ispred te pozadine. Tada bi se osmehivali u
aparat, nadzirući, osmeha blago iskrivljenog od
pomisli da bi taj neko odjednom mogao da pobe-
gne s aparatom. Dešavalo se da tu uslugu zatraže
od Viktoar, koja je to rado činila ali se obično
držala po strani, izbegavajući polje objektiva kao
zonu radijacije. Mora biti da je ipak u više navrata
slučajno fotografisana i ne znajući za to, u pozadi-
ni nekog para opreznog osmeha, i nema sumnje da
ti negativi još postoje.

U danima s mnogo sunca, takođe se dešavalo
da provede neki trenutak na plaži koja je bila,
kao i svaka plaža zimi, prostrana prazna širina,
nekorisna, s dubokim brazdama koje su ostavile
mašine gradske čistoće – uprkos čemu je još
ostalo, zavučeno u meki pesak, mnogo organ-
skog ili veštačkog otpada koji su zaboravili ku-
pači tokom sezone vrućina ili ga je donela plima.
Malo sveta je njome prolazilo: tesno pripijeni

mladi parovi ili penzioneri iz uvoza, kraj kojih idu veliki psi što su zaglabali neku granu, ili oni manji, spakovani u svoje džemperiće, nalik kobasicama. Viktoar bi se smestila u zavetrini, daleko od ledene vode, raširila bi peškir, pa onda novine, i sedeći na onome prvom, prelistavala ove druge pod svojim vokmenom. Nastavila je tako da pregleda novine neko vreme, a zatim je prestala da ih nabavlja, dan pošto su joj pozvonili na vrata.

Bilo je to početkom jutra, oko deset sati, nekih tri nedelje po dolasku, i Viktoar očigledno nikoga nije očekivala. Prešavši pravo iz kreveta u kadu, nastavila je da sanjari u vodi podešenoj na temperaturu čaršava: zarđalo zvonce pričvršćeno pored ulaza, dole, nije je nateralo ni oko da otvori. Neko je bio uporan, još dvaput je kratko pozvonio, a potom kao da je odustao. Kada je zvonjava nestala ne ostavivši odjek, Viktoar je izronila i nije čak bila previše ubeđena da je to bilo stvarno, a dvadeset sekundi kasnije, više nije na to mislila.

Popodne istog dana, pošto se bavila u kuhinji u vreme čaja, struja vazduha je najpre otvorila, a zatim bučno zalupila prozor u njenoj sobi. Popela se uz stepenice kako bi zatvorila okna ali je najpre, nalakćena na sims, pogledala pusto more.

Nije dugo ostalo pusto, jer se s desne strane, u daljini, u kadru pojavio pramac crveno-crnog teretnjaka. Za trenutak nepokretan, nalakćen na ogradu, radiotelegrafista na teretnjaku posmatrao je kroz dogled obalu načičkanu kućicama, mlohave zastave podignute na plaži i jarbole s jedrima koja su se klatila na vetru, obešena kao stare zavese. Zatim je, baš posred neba, radiotelegrafista primetio dvomotorac s propelerima koji je vukao reklamnu traku okruženu morskim pticama koje su ocrtavale brojke, na pozadini od oblaka koji su prelazili iz istog u drugo i iz sličnog u isto. Zatim, naglo, od vetra koji se iznenada digao zastave su počele oštro da se vijore, jedra su se nadula kao mehuri, jedan pomoćni jarbol se prevrnuo, brojevi su se podelili, traka se grčevito zalepršala i prozor umalo nije ponovo tresnuo i ponovo je neko pozvonio na vrata. Zadržavajući prozorsko krilo, Viktoar se tiho nagla napolje ne prepoznavši odmah uljeza koji je, glave zabačene unazad, gledao u pravcu nje. Ma šta ti tu radiš?, rekla je. Otvori mi, odgovorio je Luj-Filip.

Zbunjena, Viktoar ga je osmotrila ne pitajući se kako joj je ušao u trag, sišla niz stepenice i zatim otvorila vrata. Luj-Filip se malo promenio od poslednjeg puta. Naravno, još je bio onaj stari mršavi čovečuljak zaboravljenih ramena, očiju utonulih u brige iza debelih naočari, čela izbrazdanog žaljenjem, ali je delovao manje izgladnelo nego obično, i bio je brižljivije odeven. Baš pristalu za njegovu osobu, čistu i ispeglanu kao japanske novčanice, njegovu brižljivo izabranu odeću morao je birati neko drugi. Izgledaš mi u punoj formi, preterivala je Viktoar. Odnosno, bolje jedem, oklevao je Luj-Filip, hranim se malo bolje.

Pošto su ga jedne večeri u Centralu obavestili o Viktoarinom nestanku, Luj-Filip se dao u potragu, i evo, dobro znaš zašto sam ovde. Ukratko joj je predstavio stanje prema obaveštenjima koja je uspeo da prikupi, Viktoar nije stvarno osumnjičena za Feliksovu smrt ali je bolje za svaki slučaj biti jako obazriv. Držati se po strani, pojavljivati se što je manje moguće. Njena odgovornost nesumnjivo neće biti isključena. Luj-Filip će je obaveštavati o razvoju događaja. Nastaviće da se raspituje. Još iste večeri vraća se u Pariz. Jednom nedeljno javljaće joj novosti: ne preduzimaj ništa dok ti ne dam znak. Po njegovom odlasku, Viktoar se popela nazad u sobu, odakle je, legavši kako bi pokušala da razmisli, primetila jedan od udaraca kakve je već ranije zapazila, za kojim su usledila još dva. Ovog puta to je najpre bilo kao udarac gonga, zatim žubor, onda šuškanje zgužvane hartije. Ali ništa više nego u prethodnim slučajevima, nije uspela da odredi njihovo poreklo.

Sledećih dana, kako bi se malo zabavila, Viktoar je više puta pomislila da spremi kuću, ali je ostala na tome, obeshrabrena obimom poduhvata. Zatim je pokušala da se pozabavi vrtom, da izgrabulja šljunčane staze, da podšiša ono što je trebalo da bude travnjak ili da skupi u korpu suve grančice zakržljalih muškatli – ali najpre nije znala kako da to uradi, a zatim joj je uvek nedostajala neka alatka.

Prošao je još jedan mesec, a zatim je počelo da joj nedostaje društvo muškaraca. Prenebregnuvši savete Luj-Filipa, koji se više nije pojavio, Viktoar je češće izlazila iz kuće i pokazivala se. Kafanske terase, hotelski barovi, riblji restorani u kojima su kofe pune dagnji ispuštale miris na kožu. Ali sve to bez uspeha: iako bi joj neizostavno prilazili neki muškarci, nijedan od njih nikada joj nije odgovarao. Morala je da sačeka jedno lepo veče, u blizini luke, kako bi naišla na nekoga.

Žerar, dvadeset i dve godine, lep, veoma tanak i visok dečko, pun osmeha promenljive geometrije, odeven u meki, iznošeni tamnoplavi kožni mantil, pantalone od velura obrubljene crnim i tesne rolke, u čizmama s lastišem, vukao je za sobom druge mladiće po imenu Fred ili Karlo, Bon i Žilber sa svojim barzojem, a devojke su se zvale Kris, Gael i Bij, s kojom je Žerar bio najbliskiji. Nalazili su se svakog dana na terasi istog bara. Žerar im je predstavio Viktoar koja je provela nekoliko večeri s njima, ali videvši kakvo je lice pravila Bij, ubrzo je radije ostajala kod kuće čekajući da joj se mladić pridruži, prilično kasno noću.

Viktoar je ostavljala otvorena vrata i dok se Žerar peo uz stepenice opšivi od crnog velura proizvodili su tarući se jedan o drugi prigušen, zrnast jecaj koji je podsećao na grleno gugutanje goluba i čiji je tonalitet postajao oštriji što bi se Žerar brže penjao. Zaticao bi je budnu u mraku, a zatim bi zaspali, sat ili dva kasnije. Sledećeg dana ujutro, iznenađena kada bi se Žerar prvi probudio, Viktoar bi odmah zaronila lice duboko u jastuk, pokušavajući da ponovo uhvati san, kao kada trčimo niz peron za vozom u pokretu. Ali dok se oblačio pred prozorom, tamna prilika naspram svetla uokvirena blistavim pravougaonikom, Viktoar je na trenutak otvorila oči i u mrežnjači sačuvala utisnut njegov profil, u negativu, belo na crno, a zatim ponovo zaspala gledajući Žerarovu fotografiju pred sobom, iza sklopljenih kapaka.

Mladić joj se, uprkos svemu, uvek obraćao na vi, teško mu je bilo da joj se obraća na ti. Čak i kada bi noću, ležeći, pohotno prelazili na drugo lice jednine, bila je dovoljna neka sitnica, predah ili rasejanost, da se on vrati na množinu. I među zadovoljstvima koja joj je pružao, vožnje automobilom su bile jednako dobre. S darom za mehaniku, brižljivo održavajući dotrajalu simku orizon bež boje koja nije imala ni čari starinskog, ni udobnost novog, Žerar je nekoliko puta provozao Viktoar po okolini, po plažama i Pirinejima, odlazili su do Španije, ručavali u planinskim bakalnicama rasutim duž granične linije. Tokom jednog od tih putovanja, kola je zaustavila rutinska policijska kontrola: vozačka dokumenta. Dok je Žerar kopao po džepovima, Viktoar se malo skupila na svom sedištu gledajući pravo pred sebe, rukom stežući ručku na vratima. Zatim, kada su ih pustili da nastave dalje, Žerar je, okrenuvši se, video da se Viktoar promenila u licu, izgleda kao da nešto nije u redu? Ne, rekla je Viktoar, ništa. Napravili ste grimasu, uporno je nastavljao Žerar, da li zbog policije? Ne, ponovila je Viktoar, nije ništa. On se osmehnuo jednim od onih svojih osmeha, zaćutali su pre nego što su počeli da pričaju o nečemu drugom, dva kilometra dalje.

Luj-Filip se iznova pojavio tokom aprila, ali se zadržao svega nekoliko minuta. Nije se čak usudio ni da uđe u kućicu, radije je ostao da sa Viktoar razgovara iz kola, belog fijata bez velike važnosti, otvorivši vrata, čak i ne gaseći motor. Odsutnog izraza, izvinjavajući se što se nije ranije pojavio, Luj-Filip ju je uveravao da je iskoristio priliku kada je prolazio kroz taj kraj kako bi joj doneo neke vesti. One su se svodile na malo šta. Izgleda da nije bilo nikakvog napretka, da je Feliksova smrt i dalje otovreno pitanje i da Viktoar, dok čeka, treba da ostane mirna i diskretna. Kad je to rekao, kao zato da u nedostatku bolje teme ne bi došli u opasnost da počnu da razgovaraju o vremenu, kratak oštar prasak za kojim je usledio zveket polomljenog stakla začuo se sa zadnje strane kola. Okrenuli su se, videli da je zadnje staklo na vozilu upravo dobilo ukras u vidu okrugle rupe od pet santimetara u prečniku, sa iskrzanim obodom. Na zadnjoj haubi, među ostacima stakla sekurit, sada je ležala loptica za golf marke titlajst br. 3. Pošto je kratko opsovao, Luj-Filip je stavio lopticu u džep pre nego što je pokrenuo motor, gunđajući.

Viktoar, koja je konačno shvatila poreklo neznane buke koja joj je privlačila pažnju otkako je stigla, sledećih nedelja otkrila je druge loptice u vrtu, doletele sa svoje teritorije preko ograda i živice okolo terena za golf. Oko joj se naviklo da razlikuje bele kuglice s površinom poput kore agruma, i svaka od njih od tada kao da je rodila još neku, kao da njihov oblik, kada se jednom prepozna, dopušta da se dalje prepoznaju do u beskraj, te ih je tako kasnije sakupila još mnogo. Nalazila bi ih rasute po okolnim ulicama i vrtovima, kao nasumično bačena uskršnja jaja, zapletene u mrežice na ogradi, dok čekaju u otvoru oluka, dok pate u dnu jarka.

Te zalutale loptice padale su s vremena na vreme na automobile, ulubivši ih, a ponekad čak i na susede, udarajući ih. Viktoar je stekla naviku da ih skuplja, trpajući ih u džep pre nego što bi ih poslagala u ormar u praznoj sobi, ispod čaršava iza kojih se krila njena ušteđevina. Najpre je skupljala one koje bi slučajno pronašla tokom šetnje, a zatim je skupljanje postalo samo sebi cilj, možda malo opsesivan: Viktoar je izlazila samo zato da bi ih sistematično tražila, pale ovde ili onde, manje ili više umrljane travom i blatom, marke hogan ili maksfil, pinakl i slezindžer, obeležene brojkama od 1 do 4, i stalno je gledala u zemlju. Prošlo je još dve nedelje, danju s lopticama za golf, noću sa Žerarom, koji je nestao na sledeći način.

Viktoar se, prve noći kada je to bilo potrebno, nije probudila u uobičajeno vreme kada on dolazi, kao da je predvidela to odsustvo. Bila je samo iznenađena, glava joj je bila prazna, kada je otvorila oči naspram pravougaonika prozora, tog čelično sivog jutra, sama. Malo iznenađena, ali uz osećaj olakšanja, još više iznenađena što oseća olakšanje, Viktoar je napravila kafu koju je popila sama na stolici od pruća što se vukla po bašti, umotana u šal, očiju širom otvorenih ili napola sklopljenih pod olujnim nebom. Nebo joj nije savetovalo da izlazi, provela je dan kod kuće, podgrejavši konzervu i legavši s knjigom u dvadeset i dva i trideset.

Ovog puta probudiće se usred noći, pokušaće da u mraku pogleda koliko je sati na časovniku pre nego što upali lampu, tri i dvadeset pet. Ugasila ju je, da bi je odmah zatim upalila znajući da neće ponovo zaspati i da neće pribeći ni knjizi, ni vokmenu, ničemu. Na nogama, okretna, Viktoar je prošla kroz sve prostorije u kućici, što joj nije oduzelo mnogo vremena, prošla je dvaput, odgurnuvši dve stolice na svoje mesto, pomerivši saksiju s cvećem, tri tanjirića u sudoperi. U to

25

doba noći, svaki šum odzvanja dvostruko, najmanji udar pretvara se u picikato, kada je Viktoar ostavila posuđe, to je napravilo celu simfoniju, usisivač operu, a zatim je, stvar po stvar, Viktoar veoma nervozno počela da briše sve i sa svih strana: detaljno spremanje kuće.

Dva sata kasnije još je bio mrak, ali je sve zasijalo kao novo pod električnim osvetljenjem, jer Viktoar nije propustila ništa osim prozorskih stakala koja se mogu dobro oprati samo na suncu. Ali, još previše uznemirena da bi ponovo legla, tada je počela da sistematski pregleda sve po kući. Dok je to radila, primetila je da je u groznici, brinula se i podsmevala svojoj groznici, povremeno kratko prasnula u smeh. Jedan za drugim otvarala je plakare, fioke, čistila ih pošto bi ih prethodno ispraznila od sadržaja koji je vraćala na mesto isto tako očišćen. Najpre prizemlje, zatim sprat: njena soba, zatim ona druga soba, sve do ormara u kojem su, u donjoj fioci, stajale loptice za golf i gotovina ispod čaršava. Bilo je skoro šest izjutra.

Ali kada je izvukla čaršave, gotovo pola minuta je ostala nepomična pokušavajući da shvati ono što vidi. Zatim je šakom prešla preko dna ormara, u više navrata, kao da ni to ne može da je uveri da, ako i nije nedostajala nijedna loptica, naprotiv, nije preostala ni jedna jedina novčanica. Sav novac je otišao.

Okupana, našminkana, namirisana, Viktoar je malo pre podneva sela na terasu kafea iznad pristaništa. Nebo je bilo oblačno kao i prethodnog dana, vazduh vlažan i svež, stolovi prekriveni sazvežđima kapljica, i nikoga drugog na terasi osim nje. Viktoar je izgledala mirna, mada je neprestano videla scenu s praznom fiokom ispred ormara. U tom trenutku je lupa po kući ustupila mesto mnogo bučnijoj tišini. Nagnuta prema ormaru, Viktoar se polako uspravila, a zatim odmah ponovo sagnula da izvuče praznu fioku iz njenog kaveza i da pogleda još dublje u ormar, kao da novčanice mogu da prođu kroz hrastovinu. Čak je i istresla fioku, okrenuvši je naopako, i iz nje su ispale neke mrvice. Zatim, uhvativši je za dršku poput kofera, prešla je u svoju sobu i krenula ka prozoru kroz koji nikako da svane dan. Dok je prolazila ispred ogledala zastala je a zatim, zatekavši odraz svoga lica, ispustila fioku pred noge.

Ali sada je Viktoar, povrativši kontrolu nad sobom, strpljivo čekala da se Žerar pojavi oko trinaest časova, kao i obično. Ostali su stigli u neredu, manje-više probuđeni, manje-više zadovoljni što vide Viktoar koja im ostavlja vremena da popiju kafu pre nego što ih upita, smireno, gde bi mogla da nađe Žerara. Ali ni Fred ni Kris ni Gael ne umeju da joj odgovore, pošto ga nisu videli već tri dana; izgleda da je i Karlo nestao u isto vreme; Bij se ponaša uzdržanije, zvezdice

su bili zasađeni pitospora na uslovnoj slobodi i friz od domaćih biljaka. Naravno, po toj tarifi, novac će se istopiti za manje od tri nedelje, ali ju je gospođa na recepciji ohrabrivala: uz dobar osmeh i dobronamernu punđu, izgledalo je kao da podrazumeva da će moći da se dogovore pošto joj je Viktoar, poveravajući se, izložila svoj položaj, izostavivši mnoge pojedinosti. Prvog jutra, dakle, pošto ju je probudio kongres kosova, dok je silazila na doručak, Viktoar se sledila na pragu sale kada je primetila kako, sedeći pored staklenih vrata, umačući kroasan u činijicu, Luj-Filip, zadubljen u novine savijene pred sobom, podiže naočari na nosu.

Ako Luj-Filipovo prisustvo u Albiciji nije bilo objašnjivo, isto tako nije moglo ni da ne izazove nemir. Dok je, evo tome nekoliko nedelja, u golf kućici skupljao ostatke stakla u papirnatu maramicu, Luj-Filip je promrmljao da se vraća u Pariz iste večeri, ne izjašnjavajući se da li će ponovo dolaziti. Ako je bio u gradu, kako se činilo, barem od prethodnog dana, nije bilo prirodno to što nije došao da poseti Viktoar. Naravno može biti da je samo u prolazu, iz nekog drugog razloga, pa je posetu odložio za kasnije, naravno. Možda je, opet, pošto je svratio do kućice po odlasku mlade žene, zatekao zatvorena vrata, i sada bi veselo povikao da ga je Viktoar, prošavši kroz salu, trgla iz čitanja, možda. Međutim, neupadljivo se mehanički povukavši nazad, Viktoar se popela u sobu, zatvorila kofer koji jedva da je i otvorila, napustila hotel i popela se u autobus koji duž atlantske obale ide na sever.

Taj put vodi daleko od plaža, ne vidi se more, čoveku bude žao. Voleli biste da vidite kako se talasi rađaju i rastu i prevrću se, da beskonačno posmatrate kako svaki od njih oblikuje svoju verziju, svoje tumačenje idealnog talasa, mogli biste da poredite njihovo držanje, koncepciju, smenjivanje, zvuk, ali ne, Viktoar je izišla iz autobusa negde oko petnaest časova, u Mimizanu. Zašto Mimizan. Zašto da ne. Ali na kraju ipak ne: dva sata kasnije sela je u drugi autobus koji ju je odveo u Mimizan-Plažu.

Ne želimo nikoga da uvredimo, ali je Mimizan-Plaža ipak manje lepa od Sen-Žan-de-Liza. U svakom slučaju, hotel je bio mnogo gori. Soba jedva da je koštala nešto manje, a gledala je na parking, recepcioner sa ekcemom, osoblje rasejano, cevi bučne: od hidrauličnog čekića kanalizacija se svaki čas tresla. Pošto je začelje zgrade krečeno, skele su skrivale dan, dva dela lestvicama ukoso povezanih skela zatvarala su prozor u obliku slova z. Na donjoj skeli nema nikoga, ali na onoj drugoj je radio neki čovek kome su se videli i čuli samo donji udovi do butina, i tranzistor. Tako se bar parking nije previše video, ali je Viktoar vrlo brzo shvatila da bi radije – uskoro će doći proleće – da što je moguće više vremena provodi napolju.

Najpre, pešice. Zatim, Land je zemlja toliko ravna da se prosto nameće ideja o biciklu. Pošto je ponovo procenila svoje finansije, Viktoar je sebi dozvolila da ga nabavi za nešto manje od hiljadu franaka kod prodavca polovnih bicikala koji ju je, u to doba kada prodaja ide slabo, dočekao kao osloboditeljku. Viktoar mu je tražila, kako bi mogla da priveže stvari, da joj namesti korpu širu nego u standardnoj verziji, i od silnog oduševljenja, čovek joj je poklonio taj dodatak. Bio je to prelep engleski bicikl sa sedam brzina, sa poput rubina crvenim mačijim očima sa svetlucavim štrafticama: lanac klizi kao po loju, guvernal kao bikovi rogovi, ram olimpijski, kočnice s dobošima. I pumpa na sklapanje. I veliko sedište savršeno oblikovano za zadnjicu. I sunce je sijalo.

Viktoar je počela svakodnevno da se vozi. Ako je u prvi mah nabavila ovu mašinu radi šetnje, nema sumnje da nije gubila iz vida da će uskoro morati napornije da ga koristi. Sprava za turizam ustupiće mesto korisnom prevoznom sredstvu. Trebalo je, dakle, vežbati. Pošto je isprobala menjanje brzine, zaokret na šljunčanoj stazi i skretanje, Viktoar na kraju nije nimalo loše ovladala mašinom koju je ostavila u hotelskoj garaži, odakle je sledećeg jutra, uprkos bolu u mišićima, krenula dalje.

Ipak je provela desetak dana u Mimizan-Plaži, koliko joj je vremena bilo potrebno da se navikne na biciklistički turizam. Nije viđala ni živu dušu, ni trgovce, ni druge goste u hotelu, koji su, uostalom, bili samo u prolazu i retki u to doba godine. Van sezone, izvesnih dana, Mimizan--Plaža, bledo nebo i tišina stvarali su deprimirajući ambijent starih avangardnih filmova koji se gledaju pošto im je već istekao rok upotrebe. Viktoar je svakodnevno prolazila kroz kraj, sve dok više nije bilo ničega što bi mogla otkriti, i sredstva su joj se sve više tanjila, moglo se videti golim okom, te je na kraju rešila da promeni vidik.

Pripreme za to putovanje zaokupljale su je celog dana. Prvo je nabavila jak putni ranac, srednje veličine, sa džepovima sa strane, sa patent--zatvaračima, u koji će sabiti svoju opremu. Odvajanje onoga što je najnužnije pretpostavljalo je probiranje, žrtvovanje stvari protiv volje oduzelo joj je najviše vremena. Viktoar je svakako morala da se odrekne jedne haljine, dveju sukanja, tri bluze, dva para cipela i drugih sitnijih stvari, ne sačuvavši ništa osim onog nužnog, jakog, praktičnog i nepromočivog. Kada je s teškom mukom napravila raspodelu, zatvorila je, i ne pogledavši je, svoju lepu odeću u kofer i zaključanu je ostavila u plakaru u sobi. Zatim na bicikl, ka unutrašnjosti kopna, pa krenu drumom za Mon-de-Marsan koji će se posle tridesetak kilometara ukrstiti s autoputem s dve trake koji povezuje Bajonu i Bordo.

Kao i uvek uz ivicu autoputeva, tu je stajalo dva-tri bezlična jeftina hotela čiji prozori gledaju na zaobilaznice, naplatne rampe, izlazne puteve. Lišene pomoći čoveka, sve operacije se tu izvode posredstvom mašina i informatizovanih kartica. Njihovi čaršavi grebu kao i toaletni papir od sintetičke tkanine za jednu upotrebu. Viktoarin izbor pao je na onaj najanonimniji, gluvonemu zgradu koja pripada lancu Formula 1.

Pošto nije bilo nikakvog mesta koje bi izgledalo kao predviđeno za ostavljanje bicikala, izabrala je sobu na prvom spratu kako bi s lakoćom mogla da ga popne gore. Zatim je veoma brzo shvatila da će joj u toj sobi, još više nego u Mimizan-Plaži, biti teško da boravi samo u društvu bicikla, u mirisu bicikla. Svi predmeti, boje i ukrasi okačeni po zidu kao u zatvorskoj ćeliji terali su je, naprotiv, da odatle što pre pobegne, ako je vreme bude poslužilo. Ali pošto je nije služilo, pošto je kiša sledećih dana počela da pljušti, Viktoar je bila prinuđena da često ostaje tu. Zatvorena u hotelu, u nedostatku nečega boljeg, mogla je da stvori predstavu o profilu njegovih korisnika.

Tih profila bilo je tri, u zavisnosti od trajanja njihovog boravka u sobama. Na sat-dva, bili su to neredovni parovi koje će, a pre, a posle, u očima njihovih zakonskih supružnika odati kreditne kartice koje su upotrebili. Na noć-dve, to su bili trgovački putnici-pripravnici, koje ta funkcija uopšte nije sprečavala da čine i preljubu. Na dužem boravku, konačno, na nedelju-dve, mogli bi biti usamljene lutalice bez para kakva je bila i Viktoar, pa čak i, ponekad, cele porodične ćelije lutalica bez para. Poput njih, svake večeri, Viktoar je svodila račune zaokružujući sumu na franak više, čekajući da joj ostane samo tri hiljade franaka ušteđevine kako bi se odlučila za skromniji život. I evo, posle nedelju dana, pre nego što je pošla na spavanje, Albicija: 320; Mimizan (280 x 11 d): 3080; Bicikl: 940; Ranac: 230; Formula 1 (165 x 7 d.): 1155; Hrana (50 x 19 d.): 950; Razno (higijena, aspirin, cigarete, zakrpe za gumu): 370; *Ukupno*: 7045; *Ostalo*: 3014 franaka dakle došlo je vreme da nešto uradi, i Viktoar je napustila hotel sledećeg dana tačno u podne, do poslednjeg trenutka iskoristivši svoje poslednje utočište.

Sledećih dana njen svakodnevni život je krenuo tokom kakav nikada nije upoznala. Polako je klizila stazama na biciklu, ne usuđujući se da napusti tu oblast, da izađe van Landa, držeći se trougla koji su pravili Arkašon, Nerak i Daks. Danju bi se zaustavljala na trgovima po selima, kraj fontana, kupovala po samoposlugama sir i vakumirane suhomesnate proizvode, uz voće i kriške hleba takođe upakovane u plastiku, a zatim bi, uveče, za spavanje potražila najjeftinije mesto. Ali hotela ispod sto franaka nije bilo na svakom ćošku, te je morala i da kupi još stvar ili dve, ćebe i vreću za spavanje: 360; Mišelin mape 78 i 79: 32.

Prvi put kada je trebalo da spava napolju, Viktoar se nije dovoljno pripremila; zatečena brzinom kojom je rano pao mrak, morala je da se odluči za neki jarak ispod čvornovatog drveta pored puta, i spavala je jako malo i loše. Ceo sledeći dan provela je tražeći moguće skrovište, koje je otkrila pored seoceta zvanog Ones-e-Laari. Iza stare vile koja se prodavala, slabo zaključana vrata vodila su do šupe s ulegnutim podom po kojem su bili razbacani pocepani dušeci; nasloni visokih metalnih kreveta ocrtavali su rešetke po zidovima. Viktoar je uspela da tu provede dve noći zaredom ali po tim selima brzo vas uoče, pa se ne treba zadržavati.

Vozila se, lutala je pravim drumovima bez uzvišenja koji su se pružali pod savršeno pravim uglom u odnosu na drveće. Veštački poput jezera, šumarak se sastojao od paralelnih redova četinara, sve jedan drugome nalik, raspoređenih s obe strane puta po geometrijskim obroncima. Kako se pomera Viktoar tako se pomeraju i redovi, njen pogled seče neprestano kretanje perspektiva, lepeza koja se bez prestanka iznova širi, svako drvo na svom mestu u beskonačnosti redova što beže istovremeno, šuma koju je iznenada pokrenulo okretanje pedala. Međutim, jednaki svojim saplemenicima i bačeni u ropstvo, četinari su se zajedno s nezavisnošću odrekli i identiteta, sopstvenim izmetom prekrili su zemlju koju je kreirao diplomirani dekorater: žućkasti tepih s motivima, ležaj od svilenkastih iglica ovde ukrašen suvom granom, tamo šišarkom, zaštićen od mrlja i od požara. Da oživi sliku, minimalna služba vodenih pacova, golubova, veverica i još drugih povlači kose crte i pušta krike, vetar prebira po harfi drveća, mehaničke testere jecaju u daljini.

Dokle god joj je onih tri hiljade franaka dopuštalo da podmiruje potrebe, Viktoar se držala podalje od velikih gradova. Što su noći postajale blaže, počela je brže nego što je mislila da se navikava na to da spava napolju, da pronalazi mirne kutke. Radi ishrane, prvih dana joj se dešavalo da odlazi u najjeftinije restorane, od čega je brzo odustala, manje zbog novca, a više zbog prostora: iz restorana se izlazi samo zato da bi se čovek vratio kući, izići zato da se čovek ne bi vratio nikuda svodilo se na to da se nađe dvostruko napolju. Zato je takođe stekla naviku da se hrani sama, okrećući leđa svetu.

Došao je dan kada je, videvši da joj se sredstva opasno smanjuju, Viktoar morala da razmisli o tome da će uskoro morati da stavi tačku na svoje seobe kroz šumu iz sela u selo. Biće prinuđena da se primakne gradovima, prostranijim i naseljenijim, gde se sreću osobe bez stalnog mesta boravka koje tu mogu uspeti da preživljavaju manje teško. Ali kasnije. Ostaće na selu koliko god bude mogla. Zatim joj se još desilo i to da je u ogledalu u nekoj apoteci videla ono za šta nije verovala da će ikada videti da se desilo: pošto gotovo uopšte više nije imala odeće za presvlačenje, niti kozmetičkih proizvoda, niti bilo čega da se opere, niti imalo novca da to popravi, njen izgled počeo je da se narušava. Prišla je ogledalu: mada nikada nije preduzela ništa u tom pravcu, mada je stalno odlagala tu zamisao, bilo je jasno da je s takvim licem već malo kasno da traži posao ili bilo šta, a dan kasnije su joj naravno ukrali bicikl.

Seoce koje se zove Trensak izaziva poverenje i ne dopušta da se bilo šta takvo predvidi. Viktoar je parkirala svoje vozilo ispred jedine bakalnice, ostavila ga je onoliko vremena koliko joj je bilo potrebno da kupi mleko. Ali kada je izišla iz bakalnice, ulica je bila pusta i bicikla više nije bilo. U prethodnom životu Viktoar bi digla dževu, na primer, vratila bi se u bakalnicu mašući rukama. Još i sada, mada je bila malo prljava i nije baš lepo izgledala, trgovci je uglavnom nisu loše primali; mada je govorila malo, obraćali su joj se. Ali kada se videla onako obučena i očešljana, Viktoar nije imala srca da bilo koga uzima za svedoka, i nastavila je pešice.

Pošto je ubuduće morala da nosi prtljag u rukama, trebalo je odbaciti još suvišnih stvari. Pošto neće vaditi novac iz previše prljave i ponekad pocepane odeće, kao što to niko ne bi hteo, Viktoar ih je ostavila pored kontejnera za staklo. Sada je imala samo jedan par sportskih cipela,

pantalone od jakog materijala i majice koje je na-
vukla jednu preko druge ispod postavljene vin-
djakne, ali više uopšte nije imala čistog rublja da
se presvuče, koje je prala kada je to bilo moguće
jer su diskretna mesta s vodom retka. Počela je
da putuje autostopom.

Veseo u velikom renou, guste ravne crne kose
začešljane unazad i odgovarajućim brkovima,
prvi čovek koji ju je povezao bio je odeven u pe-
trolej plavo odelo, košulju na štraftice nebesko-
plave boje i sa štrikanom bordo kravatom. Lančić
o kojem je visio njegov stilizovani zodijački znak
ljuljao se preko kravate, a s retrovizora je visila
ogromna cucla. Opšte osiguranje, izlagao je, osi-
guravam šta god želite, osiguravam stvari do ko-
jih je ljudima stalo, imate cigarete u pregratku za
rukavice, ne izgleda da vam baš dobro ide. Ide,
reče Viktoar, ide savršeno. A, dobro, odvrati čo-
vek razočarano, putujete daleko, na ovaj način?
Mlada žena odmahnu u stranu.

Zgodno se namestilo, baš tamo idem, rekao
joj je sat kasnije drugi vozač, sedeći za volanom
crnog kamioneta s retrovizorom na kojem se lju-
ljala silueta mirišljave jelke. Ne smeta vam da
sednete pored mene, predložio je, ponudio bih
vam da se smestite pozadi, ali mrtvački kovčeg,
očigledno, a. Ha, dodao je bučno, ali ne brinite
se, danas vozim u prazno. U svakom slučaju, sad
je veoma mirno, medicina je toliko napredovala.
Ljudi više ne umiru. A kuda idete potom?

Ali Viktoar baš i nije znala kuda. Pošto još nije bila rešila da ode u neki veliki grad, nastavljala je da nasumično bira na mapi, često se oslanjajući samo na zvuk imena, manja naselja u kojima se uvek trudila da jede i skloni se na noć-dve. To ju je navelo da luta testerastom, ne previše promišljenom putanjom: ako bi se desilo da krene zaobilazno kako bi otišla dalje, desilo bi se i da se prilagodi nekom pravcu, i jedno je dovodilo u ravnotežu ono drugo. Tako njena putanja nije bila nimalo dosledna, i više je ličila na izlomljenu putanju muve zatvorene u sobi.

Nije joj, dakle, bilo previše teško, bar u početku, da pronađe vozače. Po pravilu su muškarci koji su je primali u svoje automobile bili gostoprimljiviji nego žene, rado razgovarali s njom. Dok su to radili, pored njihove ličnosti, Viktoar je uočavala i marku, boju i unutrašnjost njihovih kola, koja su je vozila nekom ne baš određenom cilju. U prvo vreme obraćala je pažnju na te pojedinosti, ali je na kraju sve manje i manje o njima vodila računa.

Bio je tu i sveštenik za volanom renoa 5 bez dodataka, bez radija, bilo čega, svedenog na čistu lokomotornu funkciju: sedišta su bila tvrda i širio se snažan zadah psa mada psa nije bilo. Čovek je bio obučen u kruto odelo boje antracita preko mišje sive rolke, rever mu je krasio mali metalni krst. Izražavajući se s vojničkom dobronamernošću, vozio je onako kako se svira na velikim orguljama, u ogromnim cipelama, snažno pritiskajući pedale; pod retrovizorom se sušila neka grančica. Bila je tu, zajedno sa svoje troje dece, majka porodice koja je oštro vozila svoj seat. Sa šoferšajbne već posute sličicama automobila iz poslednjih šest godina, hronološki poslaganim jedna iznad druge, razne samolepive sličice ekoloških društava i kasa uzajamne pomoći doprinosile su ugrožavanju vidljivosti, a da i ne pominjemo sunđere za brisanje stakla na izdisaju. Viktoar su tada dve osobe od četiri i šest godina zauzete nerazumljivim gimnastičkim vežbama saterale uz vrata. Klečeći u obrnutom smeru na prednjem sedištu, podlaktica prebačenih preko naslona, ono najstarije je netremice piljilo u mladu ženu. Sedi lepo, Žiži, veži pojas, rekla mu je majka pre engo što je predložila Viktoari, sve merkajući je u retrovizoru, nekoliko sati spremanja po kući i čuvanja dece. Bacivši pogled ispod oka na onu gungulu, Viktoar jedva da je odgovorila. Bila su tu tri mala preplašena podrugljivca, u izbušenim jaknama, zbijena na prednjem sedištu starog forda eskort. Viktoar je sedeći pozadi gledala u obrijane potiljke mladića stisnutih jedan uz drugog koji se nisu usuđivali da se okrenu, osim onoga u sredini, koji je hteo da joj kaže nešto dvosmisleno, ali su ga ostala dvojica ućutkala. Vladali su zagušljivi mirisi benzina i psa, ali ovoga puta sa psom, smerno nameštenim pored Viktoar, koji joj je upućivao ljubazne poglede

41

pune žaljenja kao da se ograđuje, kao da traži oproštaj za ružno ponašanje svojih gospodara. S retrovizora je, ovog puta, visila čupava bela loptica s nebeskoplavim poljima.

Bilo je i drugih a zatim je novac zaista nestao, život je postajao sve gorči, Viktoarina pojava počela je stvarno da ispoljava nedostatke. Imajući u vidu njen neuredan izgled, postalo je manje jednostavno da je neko primi kad stopira a njeni vršnjaci, kada bi im prilazila na ulici, odmah bi shvatili da je to zbog novca. Neki su davali, većina ništa, i kao da se niko nije čudio bedi ove lepe devojke mada je siromah obično ružan.

S ono malo skupljenog sitniša, Viktoar se hranila šunkom sa rasprodaje, krem sirom grijer, gnjilim voćem koje je popodne ostajalo na pijaci kad ulični trgovci spakuju robu. Sve te stvari jela je sirove, hladne i zalivene vodom iz ulične česme. A sve prijatnije noći sada je uvek provodila napolju. Nalazeći zaklon na usamljenim, pustim mestima, ponekad u ruševinama, pre nego što bi zaspala kanapom bi vezala dršku torbe za šaku. Uznemirili su je samo dva puta, jednom nekakav pijanac starosedelac kojeg je brzo uspela da se oslobodi, a drugi put neka lutalica u stanju sličnom njenom, koji je najpre hteo da je otera s teritorije koju je smatrao za svoju a zatim, predomislivši se, da ostane kako bi je iskoristio. Muškarac je bio slab i neuhranjen, Viktoar je i njega umela da udalji.

Ali ova nezgoda ju je, više nego prethodne, na kraju ubedila da konačno ode u neki veliki grad: sledećeg jutra, svet je pod olovnim nebom pokazao lice grublje nego obično i Viktoar se, otkrivši strelicu koja je pokazivala Tuluz, smestila pored nje i iznova počela da diže palac. Uprkos neprijatnom izgledu, prva kola su se zaustavila brzo, počinjala je kiša.

Bio je to neki ćutljivi stari zemljoradnik odeven kao da je nedelja za volanom dobro očuvanog starog pežoa 605, koji ju je prevezao svega dvadeset kilometara pre nego što ju je ostavio pred kancelarijom nekog beležnika, kuda je pošao da proda svoj usev. U šestopetici je lebdeo miris na grad i na pepeo ali ne i na psa mada je pas bio tu, ležao je pozadi na ćebetu. Pošto je spavao, ništa ne bi ukazivalo na njegovo prisustvo da nije često uzdisao u snu. Beležnikova kuća bila je sagrađena na ledini pored puta kojim su vozila retko išla, izuzev traktora i motocikala poljskih radnika koji bi u prolazu ošacovali Viktoar. Zatim je morala da čeka nekoliko sati pre nego što se, neočekivano u tom pustom prostoru, pojavio neki saab boje metaliziranog škriljca sa žutocrvenim kožnim sedištima čija je šoferšajbna bila ukrašena prošlogodišnjom nalepnicom zdravstvenog osiguranja. Vozio ga je muškarac, sam, isto onako ćutljiv kao i zemljoradnik ali čije ćutanje je možda ukazivalo na blago pijanstvo, možda neko očajanje. Iz kvadrofonijskog uređaja, odvrnutog do daske, izlivali su se aranžmani Džimija Žifra u blag miris gume, virdžinijskog duvana s kojim se mešao jedva primetan parfem nestale žene. Odvezao ju je gotovo do Ažana, Viktoar je izišla iz automobila krajem popodneva.

Zatim su počeli da padaju noć i kiša, jedna žešće od druge, i satima nije prošlo nijedno vozilo, Viktoar je uskoro bila potpuno mokra i zaslepljena sve dok se mala bela kola nisu izgleda konačno zaustavila pored nje. Čak nije odmah ni primetila, zatim se mehanički popela u mračnu kabinu. Idete prema Tuluzu? reče muški glas. Viktoar klimnu glavom ne okrenuvši se prema njemu. Bila je preplašena i sva se cedila i izgledala divlje i mutavo i možda mentalno odsutno. U stvari je u tom trenutku bila previše umorna, previše izgubljena da bi tog muškarca posmatrala koliko i prethodne koje je stopirala. Ne zanimajući se za marku automobila, nije pogledala ni kako je uređen, niti šta bi ovog puta moglo da ukrašava šoferšajbnu ili da visi s retrovizora. Zaspala je u sedištu pre nego što joj se kosa osušila.

Sat kasnije, probudio ju je osećaj da će se kola zaustaviti. Viktoar otvori jedno oko i vide, kroz zamagljeno staklo niz koje je curila voda, glomaznu građevinu bez ljupkosti koja je podsećala na železničku stanicu. Odgovara vam? Hvala, reče Viktoar drhteći, otvori vrata i izvuče ranac za sobom i dalje nikako ne gledajući u vozača. Zatim zalupi vrata jedva se još jednom zahvalivši glasom kao iz automata, i pođe ka stanici. Ipak je bila savršeno sigurna da je prepoznala glas Luj-Filipa, koji je ostao za volanom svog fijata ne krećući odmah i koji je morao posmatrati, kroz nedavno zamenjeno zadnje staklo, kako se Viktoar udaljava ka ulazu u bife ispunjen prljavom žutom svetlošću i otvoren cele noći. Za šankom su dva tipa pila pivo; u udubljenju pored šanka bile su postavljene video igrice; okačeno blizu njenih očiju, obaveštenje je upozoravalo korisnika na opasnost od epileptičnih napada u slučaju dugotrajne upotrebe.

Na stanici Tuluz-Matabio Viktoar se konačno s nekim sprijateljila. Ali ne odmah. Ranije bi ponekad silom prilika bila prinuđena da dolazi u dodir s ljudima poput sebe, beskućnicima, ali se radije držala na odstojanju, ne usuđujući se da se upušta u razgovor s njima. Uostalom, među njima je bilo malo onih koji su lutali selima, radije ostajući po gradovima gde su se sretali na javnim mestima i pijacama, ispred stanica i na širokim prostorima. Viktoar je više volela da im se što manje obraća kada bi govorili o solidarnosti, o tome da treba da se drže jedni drugih ili razmišljali šta će uraditi. Dešavalo se da popiju, da se pokarabase, dešavalo se i da izgledaju kao da ih je uhvatilo piće iako ništa nisu pili. Često su bili usijani, govorili usijanim glasom, zaletali se, ali su se retko tukli. Spontano društveni, kao da nisu voleli da neko u njihovom položaju ostaje po strani.

Usamljena, Viktoar bi međutim nailazila na sve veće teškoće samo da se prehrani. Jednog dana stvarno je razmišljala o prostituisanju kao što je nameravala nekoliko nedelja ranije, ali sada je bilo kasno: previše slabo odevena, previše prljava, više nije izgledala dovoljno pristojno da bi je neko uopšte poželeo. Nema sumnje da nijedan prolaznik ne bi došao u iskušenje, na takvu trgovinu pristali bi možda samo njoj slični, koji, opet, ne bi imali čime da plate.

Ovi poslednji su se najveći deo vremena držali u grupi i delili zajedničke planove, ili samo iskazivali ogorčenje i gunđali. Bili su odsutni, nisu mnogo pričali. Pošto se držala podalje od društva, na Viktoar su gledali s nepoverenjem, sumnjičeći je ne zna se za šta. Mada na ulici poput njih, iako jadna i bedna, u izvesnim pojedinostima zacelo nije odavala uobičajeni profil lutalice. Pošto što su joj na to u više navrata ukazivali, gradeći pretpostavke i postavljajući pitanja, rešila je, kako bi na to stavila tačku, da se udruži s nekim i tako se zaštiti od sumnjičenja. Pošto je proučila grupe koje su se već napravile u okolini stanice, Viktoar je na kraju izabrala jedan par u kojem se muškarac odazivao na ime Gorteks a njegova prijateljica na ime Ampula. Gorteks kao da je nad drugima imao nekakvu moć, mada diskretnu, možda ne bi bilo loše udružiti se s njima.

46

Ampula je bila suvonjava devojka vodnjikavih očiju, poroznih zuba, prozirne kože kroz koju su se jasno videle vene, tetive, kosti. Nokti su joj se ljuštili ali se svaki čas smejala. Gorteks, dva puta stariji od Ampule, nesumnjivo je ime dobio po svom jedinom bogatstvu, toploj i jakoj vetrovki postavljenoj tim materijalom. Bio je to ljubazan i snažan čovek, prilično krupan, prilično lep, ali njegova blagost imala je jedan nedostatak: nesposoban da o bilo kome kaže nešto loše, razgovor s njim bio je pomalo dosadan, pa je tako Viktoar pričala pre svega s Ampulom. Gorteks je isto tako imao i psa bez imena koga je držao na kanapu, tražio da ga zove tata: dođi kod tate, vidi ovamo šta radi tata, traži od tate da piješ, lepo pojedi tatinu dobru konzervu. Pazi, tata će da se naljuti.

Od tada su Gorteks, Ampula i Viktoar spavali zajedno sklupčani u svojoj odeći po skloništima na koja bi naišli, po građevinama ili ruševinama ali i pod nekom ciradom, pod šatorskim krilom, plastičnom folijom i bez gotovo ičega seksualnog među sobom. Ne zna se kako je Gorteks, kad bi počeli da osećaju glad, uvek u dnu džepa iznova pronalazio istih trideset pet franaka što je Viktoari omogućavalo da ode s Ampulom u diskontnu prodavnicu.

Živeli su tako dve-tri nedelje u Tuluzu, odlazili u druge gradove u toj oblasti, a onda je stiglo leto. Zatim se desilo da su se, u brojnim mestima, manje građani a više njihovi izabrani predstavnici zamorili da gledaju kako skitnice, često u pratnji domaćih životinja, opsedaju njihove lepo očešljane gradove, tumaraju po njihovim parkovima, njihovim tržnim centrima, njihovim pešačkim zonama, prodaju svoje bedne časopise po baštama njihovih tako lepih kafana. Tako su brojni gradonačelnici smislili lukave propise kojima se zabranjivalo prosjačenje, dugo zadržavanje na javnim mestima, okupljanje pasa bez brnjica ili ulična prodaja novina, pod pretnjom novčane kazne i slanja u kafileriju uz plaćanje troškova kafilerije. Ukratko, rešili su da podstaknu beskućnike da malo ohlade, ili bar da odu da se hlade na drugom mestu. Otuda je na Viktoar i na njene svakodnevno vršen sve veći pritisak da se povuku u manje važne gradiće ili da odu da landaraju po selima.

Pošto Gorteksov pas dva puta umalo nije zakačio kafileriju, i pošto nisu znali kako bi platili troškove, posle savetovanja su zaključili da su prinuđeni da napuste grad. Na Ampulin zahtev krenuli su putevima prema zapadu, jer su je Viktoarini opisi Landa očarali. Gorteks je uostalom govorio da mnogo očekuje od ruralnog sveta gde, po njemu, poljski radovi za nadnicu uvek mogu da iskrsnu. Ampula se osmehnula na tu pomisao ali, po malim selima i na imanjima im nikad nisu ništa nudili. Nastavili su da lutaju. Uprkos Viktoarinom iskustvu i njenom poznavanju krajeva, sad je bilo teže naći nešto za hranu i prenoćište: utroje se po selima ne prolazi neprimećeno, pobuđuje se sumnja a ne izaziva se sažaljenje kakvo može da očekuje mlada žena koja je sama. U nedostatku nečega boljeg na kraju su počinili, ne želeći nikome da naude, nekoliko sitnih krađa.

Prva se dogodila slučajno, jedne noći kad su Ampula i Viktoar krenule u izvidnicu tražeći zaklon u selu od hiljadu duša koje rano ležu. Izbegavajući naseljene kuće, tražeći radije ulaz u ambar ili šupu, gurnule su vrata koja su se sama otvorila pod njihovim pritiskom. Iza bakalnice regionalnog lanca Gijena i Gaskonja, vrata su vodila u skladište robe. Bez dogovora, bez jedne razmenjene reči, čak i bez razmišljanja, prirodno su pokupile četiri konzerve sa sardinama i paštetom, dve boce crnog vina, jedan industrijski sir i četiri kutije dugotrajnog mleka. Zatim su što su brže mogle napustile naselje kako bi pojele namirnice na dobroj udaljenosti, na ivici neke livade u mraku. Nikada ni Gorteks ni Ampula ni Viktoar nisu otišli u tu krajnost, ali jednostavnost postupka podstakla ih je da nastave. Ponovo su, dakle, činili prestupe, čak i po danu.

Ali oprezno, bez preterivanja, uvek sledeći isti jednostavan postupak: dok bi Viktoar zamajavala bakalina, Ampula bi smotala jednu-dve najnužnije stvari, uvek u malim količinama, uvek im je polazilo za rukom. Sve je polazilo za rukom do olujne večeri kada je Ampula, pošto nije dobro stegla dve konzerve raviola ispod tunike, ispustila jednu u trenutku kad je izlazila na vrata. O, zaboga, poviče bakalin pojurivši okolo kase. O, gadura lopovska za Boga miloga, razvijao je svoju rečenicu pojurivši za dve devojke koje su se, predvidevši unapred ovakav ishod, dogovorile da potrče na suprotne strane.

Među susedima i mušterijama koji su trgovcu pritekli u pomoć, Viktoar je posle nekoliko minuta osetila da dvojica krupnijih nego ostali trupkaju psujući i duvajući na pedesetak ili stotinu metara iza nje. Opazivši u trku bicikl naslonjen uza zid zdesna, u prolazi je dohvatila guvernal, uzjahala ga u pokretu i počela ludački da okreće pedale. Bila se prilično uvežbala nekoliko nedelja ranije i popravila svoju umešnost na toj spravi. Ali ovo je bio samo sjebani bedni bicikl sivozelene boje s mutavim zvoncem, zarđalim točkovima, rasklimanim blatobranom: dinamo se koči, pedale polomljene, zupčanici izlizani, viljuška asimetrična a gume izduvane. I nema pumpe. I raspolućeno sedište vam grozno cepa dupe. I kiša pada.

Uprkos tim nevoljama, Viktoar je uspela da postigne dovoljnu brzinu da bi uskoro čula kako slabe psovke i povici iza njenih leđa. Pod mračnim nebom, pod bledim svetiljkama koje su se palile kašljucajući, potražila je izlaz iz sela u bilo kojem pravcu. Ubrzo je prošla poslednju svetiljku i utonula u mrak. Poduhvat nije bio lak:

mali žućkasti far nije se pokazao ni od kakve koristi, uskoro više ništa neće videti. Kosa će joj, osim toga, pasti na oči, kiša koja joj u potocima curi niz lice na kraju će je zaslepiti ali ona će nastaviti da okreće pedale, idući dalje dokle god bude mogla, usredsredivši svu pažnju na ivicu puta koju isprekidana bela linija, napola izbirsana, obeležava bolje ili gore.

Vozila je, nekoliko automobila je zaslepilo prolazeći u suprotnom pravcu, poprskalo je obilazeći je, ali izgleda da nijedan od njih nije vozio progonitelje. Posle nekoliko hektometara postalo je verovatno da su digli ruke, ipak Viktoar uopšte nije usporila vožnju. Gola voda sve do šavova na odeći, drhteći, nastavila je da okreće pedale punom parom i od silnog naprezanja nije primetila trougaonu tablu koja je, s leve strane, upozoravala na oštru krivinu. Ubrzo je bela linija iščezla u mraku, Viktoar nije imala vremena da poželi da shvati kako je prednji točak već kliznuo preko ivice ne naročito dubokog jarka a zatim, kad joj se mašina prevrnu, Viktoar polete preko jarka, u kupinjak ograđen plotom u koji je snažno udarila glavom. Ali toliko da umre po danu kao što je ovo veče sad kad je sve sjebano u mraku, po kiši, kupine, hladnoća, toliko da izgubi svest kao što bi s osmehom dočekala anestetičara uoči beznadežne operacije. Taj osećaj, okolni zvuci — zapetljan lanac, gužvanje blatobrana, poslednji uzdah zvonca i beskrajno čangrljanje slobodnog točka – sve je to za tili čas nestalo.

Viktoar je došla svesti tek mnogo kasnije, ne otvorivši odmah oči niti se setivši bilo čega iz prošlosti, kao što se probudila nekoliko meseci ranije kraj mrtvog Feliksa.

Ležala je pod grubim i krutim pokrivačem, navučenim do brade. Viktoar najpre prinese ruku čelu, pokrivenom vlažnom krpom savijenom kao zavoj, pre nego što joj se, jedan za drugim, vratiše osećaji koji su je najpre izdvojeno podsetili na svoje poreklo, povezujući se i razdvajajući, vraćajući joj pamćenje. Prigušen bol u glavi natera je da se seti plota a dugačke ogrebotine po šakama, butinama i na jednom obrazu vratiše joj u pamćenje kupinjak, i onda diže jedan kapak. Osvetljenje je unaokolo bilo slabo, pomalo užeglo žućkasto, osim ako taj utisak nije poticao od mirisa. Okrenuvši oči, Viktoar razazna dva čoveka kako sede nedaleko od nje u dve različite fotelje i posmatraju je s jedne i druge strane pod petrolejskom lampom.

Preko golog trupa, jedan od njih nosio je vatiranu bež jaknu na kojoj je jedan rukav bio pocepan, drugi modroplavu kamiondžijsku majcu, obojica u dugačkim farmericama s mrljama od blata i masnoće i velikim dubokim cipelama za šetnju. Čovek u jakni bio je smeđ, suvonjav, živog pogleda bez dobrote. Onaj drugi je bio krupniji i puniji, gotovo ćelav, ni njegove debele usne

52

se uopšte nisu osmehivale i lice mu je podsećalo na filmskog glumca Zeroa Mostela, i Viktoar se iznenadila i zakratko osetila ponos što joj je, u stanju u kakvom se nalazi, ta sličnost odmah pala na pamet. Dva čoveka su ćutala.

Viktoar je htela da govori, ali pre svega šta da kaže, onda je obuze mučnina čim je pokušala da pomeri usne, uostalom toliko suve da su izgledale kao hrapave, stvrdnute korice, strano telo na njenoj osobi. Ćutite sada, tiho reče suvonjavi čovek, nemojte još da govorite, mirujte. Ovde ste na sigurnom. Onaj drugi je otišao da uzme čajnik s butan-boce uglavljene između dva sanduka.

Kad je podigla glavu – ali u tom pokretu celo telo joj se zaljuljalo unazad – Viktoar zatvori oči – sve se baš dobro zaljuljalo – a zatim ih ponovo otvori; oprezno osmotri to mesto. Ležala je na dušeku bačenom na pod od utabane zemlje, u sobičku s niskom tavanicom, nekakvoj kolibi zidova napravljenih od spojenih ploča everita, plakoplatra i azbesto-cementa. Pobožne slike i profane fotografije izvađene iz geografskih, pornografskih i sportskih žurnala ukrašavale su njihove površine zajedno s uzorcima tapeta. Nameštaj se sastojao od sanduka različitih veličina, uz još jedan veći madrac gurnut uza zid sa suprotne strane, ali i nekoliko oštećenih i popravljenih fotelja i stočića. Po podu se vuklo kuhinjsko posuđe zajedno s alatom, tkanine u nedoumici da li su odeća ili krpe, reklamne kese preko cipela, mehanički budilnik stao u jedanaest sati, radio iznad kojeg je bila viljuška jednim zupcem uglavljena u otvor za antenu.

Zero Mostel se vratio sa činijicom i pružio je suvonjavom čoveku koji je Viktoar dao da pije polako, u malim gutljajima, pridržavajući joj glavu. Mogla je to biti pileća supa iz kesice začinjena, kako je izgledalo, mirisnim travama. Bila je vruća, polako i ravnomerno se širila po telu, Viktoar je gotovo odmah zatim ponovo zaspala. Kada je ponovo otvorila oči, možda sledećeg dana, bila je sama. Zapušena plastičnom folijom, rupa u zidu omogućavala je da se nazre jako sunce smešteno visoko na nebu. Vrata na kolibi se otvoriše kada ih odgurnu suvonjavi čovek koji je zastao u otvoru, držeći mrtvog zeca za uši. Viktoar i taj čovek razmenjaše poglede a onda se čovek osmehnu i, uhvativši dugačak nož za tranžiranje, odlučnim pokretom odseče životinji glavu i telo pade na njegove cipele a Viktoar se ponovo onesvesti.

Suvonjavi čovek zvao se Kastel, Zero Mostel se zvao Pusen. Kastel i Pusen su se obojica odazivali na ime Žan-Pjer pa će biti jednostavnije, zaključio je Pusen nameštajući Viktoarin jastuk prilikom njenog sledećeg buđenja, dok je Kastel kuvao zeca, da nas zovete po prezimenima. Inače se više nećemo snaći. Pusen je izgledao manje prek nego Kastel, njegovi maniri nisu bili toliko

grubi: povrativši se, Viktoar se pored njega ose-
tila malo sigurnije.

Dvojica ljudi imali su po pedesetak godina,
ponašali su se kao skitnice, ali su se izražavali s
preciznošću ne baš lišenom, kod Pusena, izvesne
precioznosti. Kastelov glas bio je malo hrapav,
sparušen, suv kao izduvni gas iz hladnog motora,
dok je Pusenov odzvanjao pun i podmazan, par-
ticipi su mu strujali i klizili poput sigurnosnih
ventila, objekatski dodaci proklizavali u ulju.
Živeli su, bez novca, daleko od ljudi i hranili se
ostacima skupljenim noću sa đubrišta i iz kanti
za đubre u blizini, a ponekad takođe sitnim živo-
tinjama koje su umeli da love, zečevima ali i je-
ževima ili gušterima, a seksualno su se izgleda
zadovoljavali jedan drugim. Što je veoma kori-
sno za vas, skrenu pažnju jednoga dana Pusen
Viktoari. Jer da nije toga silovali bismo vas, a šta
bismo potom sa vama?

Vodili su takav život tri godine unazad i niko
im nije smetao. Kad su ih šutnuli iz fabrike elek-
tronskih komponenti u kojima su obavljali slabo
plaćene poslove, radije nego da se smucaju bez
posla po pariskoj oblasti odlučili su da se povu-
ku na selo. Sredstva im nisu dozvoljavala da bur-
žujski ostvare taj plan, te su tako posle dugih
šetnji i pažljivog traganja u regiji čija im je kli-
ma odgovarala otkrili ovu usamljenu ruinu. Use-
lili su se, popravili je, učvrstili, sredili najbolje
što su mogli, i mada je u prvo vreme, žalio je Pu-

sen, bilo malo teško, zavoleli su to pre nego što su se navikli. Viktoar je bila nadahnuta njihovom pričom pa je izmislila neku koja je mogla da opravda njen položaj. Razvod, otpuštanje, hapšenje, sitniji prestupi, skitnja, od tada nevolje sa sudijom za prekršaje i smucanje bez cilja. I na kraju evo, zaključi ona, imam utisak da sam se izgubila. Ne mora to nužno da bude loše, reče Pusen. Kad se ne bismo gubili, bili bismo izgubljeni.

S njim se Viktoar najbolje razumela u početku, on joj je lečio rane zadobijene od pada s bicikla, zatim joj je popravio bicikl. S njim je ostajala u prvo vreme kod kuće dok je Kastel odlazio na pecanje, u lov, u potragu za sirovinama ili ostacima koje je davao Pusenu da ih popravlja; ćaskali su. Zatim je došao red na Kastela da se opusti i da vodi Viktoar u svoje pohode, te je ona tako naučila neke osnovne tehnike, da lovi kosove strelom, da hvata glavoče golom rukom, da pravi zamke od tri velika kamena i dve slabo uravnotežene grančice, što sve zakonodavac zabranjuje. Obavestila se o merama predostrožnosti koje treba preduzeti kada se tim aktivnostima bavi bez dozvole, u vreme zabrane i na zabranjenim mestima, uz pomoć zabranjenih sredstava. Zajedno su i noću odlazili na đubrišta, na gradilišta, da potraže kofu boje ili vreću cementa, gas, fotelje i stočiće koje je Pusen popravljao.

Iz opreznosti, dakle iz principa, retko kada su pribegavali prisvajanju, koje je bilo strogo rezervisano za dobra koja su im potrebna nova, koja se ne mogu zameniti dvostrukom upotrebom – ukratko, jako malo stvari, kad se bolje razmisli, manje nego što se čini. Osnovni prehrambeni sastojci, žileti, sveće, ponekad sapun. Za sve ostalo su mogli da se snađu uz stvari s đubrišta. Čak su i cipele kojih se ljudi otarase često polunove, odnosno s vremena na vreme nove, mada ne moraju uvek da budu odgovarajuće veličine; čak i baterije, jedva načete u bačenim daljinskim upravljačima. Međutim, za Viktoarine potrebe izuzetno bi se dešavalo da pokupe neko rublje rašireno da se suši noću na konopcu. A uveče bi igrali karte uz zvuke radija, muziku i sportske prenose, slušali vesti.

Viktoar, tih poslednjih meseci, nije mnogo čitala novine. U glof kućici je bezuspešno tražila vesti o Feliksu i zadovoljavala se naslovima. Nastavila je da ih prelistava kasnije, s Ampulom ili sama, na policama u prodavnicama novina ili ponekad otkrivajući ih gde vire iz kante ili ostavljene na klupi, jedva pročitane prekjučerašnje novine pošto leti čovek manje prati vesti. Čovek zna da njegovi gospodari to znaju i da koriste priliku da, dok on spava, izvedu velike manevre o kojima neće raspravljati kad se probudi, ošamućen, klanjajući se novim šefovima i plaćajući više cene. Ali Kastel i Pusen, ma koliko van sveta, ipak su ga držali na oku. Tako su saznali za otvaranje sezone ribolova. Kastel je poveo Viktoar do obale obližnjeg bistrog ribnjaka, ovalnog poput ručnog ogledala, koji se produžavao u tesan kanal u vidu drške na ručnom ogledalu i ulovili su dva karaša.

Sledećih dana, Viktoar je više puta odlazila da provede neki trenutak pored tog ribnjaka oiviče-nog visokim topolama s gustim krošnjama poput divovskog šipražja; sedela bi na obali naspram njih. Leti, najveći deo vremena, nikakav pokret vazduha ne pomera ta drveta, kao kraljevi na kartama za igranje udvojena u vodi po čijem dnu kruži mnoštvo štuka, pastrve, smuđeva koji jedni drugima prete i jedni druge neumorno ganjaju, mreste se i nemilosrdno proždiru. Njihovo kretanje ponekad namreška i zamuti površinu na kojoj se tada diskretno, kao na blagom povetarcu, zatalasaju odrazi drveća – kao da ribnjak, zabrinut što ih vidi tako previše nepomične, zauzima mesto neba i stvara iluziju vetra. Ponekad je i suprotno, pravi vetar trese krošnje ali još jače i površinu vode, gde njihov lik, previše nemiran, postane toliko mutan da se učini nepomičan – kao da topole nikako ne mogu da nađu zajednički jezik sa svojim odrazom.

Sredinom avgusta, vetar ih je komešao češće, jače, bilo je kiše, Pusen je primetio da je tako svakog leta, vreme se menja petnaestog. Zaista je dalje ostao samo nastavak i kraj leta, poslednje

razdoblje u sezoni: ako još ponekad i bude vrući-
na oseća se da više ne prži, da je motor ugašen,
da je ta vrelina samo rep komete u slobodnom
padu, pokvaren auto na uzbrdici, primećuje se
svež opšiv okolo ivice visoke temperature, vidi
se da senke postaju duže. Pošto ju je život kod
ove dvojice ljudi podsećao na letovanje, letova-
nje uz natezanja, ali ipak letovanje, Viktoar su
prvi znaci jeseni podsetili na početak školske go-
dine, povratak na posao. Pošto je pitanje povrat-
ka odbacila, nema sumnje da joj je neki lovac
dao odgovor.

Nema sumnje, neki lovac, umorivši se od pro-
nalaženja omči i uzica, počeo je da osmatra oko-
linu, na kraju uočio Kastela i to ispričao vlastima
jer jednog svežeg jutra početkom septembra, tek
što su ustali, jedva da su razgovarali, spremali su
kafu odlažući trenutak kada će oprati zube, buka
motora preteče plavu žandarmerijsku maricu.
Viktoar, jedva odevena, još je bila u kolibi kad se
ova pojavila: taman toliko vremena da natuče
džemper i cipele taman dok se marica parkira i
da dohvati neku torbu, taman da dva čoveka izi-
đu i da u nju gurne dve-tri stvari, iskoristila je to
što su prvo prišli Pusenu, zauzetom pišanjem u
okolini, i da napusti kolibu u prvom mrtvom
uglu. Prošavši kroz vrata, srušivši jedan zid, uz
lupanje srca i na vrhovima prstiju, stigla je do
obližnjeg šumarka. Ono malo opalog lišća moglo
je odati njene korake, ali se ona zavukla među

drveće najpre vrlo polako i zadržavajući dah a zatim, procenjujući da je dovoljno daleko, trčala je previše brzo i nesumnjivo previše dugo dok nije naišla na prvi drum pa na sledeći pa na sledeći, oivičen izlizanom žutobelom oznakom za kilometražu. Viktoar je sela na tu oznaku i vezala pertle.

Sledećih dana, bez mape, upravljala se kako bilo, uz pomoć tabli sa obaveštenjima i bez određenog cilja. Ponekad bi išla noću, spavala popodne, skupljala bačeni hleb, prezreno povrće, kao i plastične kese kojima je vezivala drške kako bi ih nosila. Viktoar je postala prljava a uskoro i pocepana, sve više i više sveta kao da je imalo sve manje i manje želje da je primi kad stopira, utoliko manje što je izgledalo kao da ni sama više ne zna baš dobro, kad je neko poveze, da kaže kuda ide. A da bi uzvratila istom merom i da bi je ostavili na miru, Viktoar je počela da se ponaša kao zaostala osoba, kako je ona zamišljala da takva osoba izgleda, i zaista su je često za takvu i smatrali. Dešavalo se da počne da priča sama sa sobom, često u obliku odgovora ponekad iscrpnih ali ponekad i jednosložnih odgovora na ispitivanje na ispit usmeni propitivanje gde se nisu čula nikakva pitanja. Više nije stopirala dok ne padne mrak pretpostavljajući da će, manje vidljiva, njena pojava manje odvraćati ljude.

Desilo se i to da je treće večeri u svojoj ponovnoj samoći Viktoar još išla ivicom puta dižu-

ći lenji palac čak se i ne osvrnuvši u prvom tre-
nutku na zvuk motora, snop farova joj je blago
ogrejao krsta ali ju je vozilo obišlo bez zaustav-
ljanja. Kad je bacila pogled, učinilo joj se da pre-
poznaje malo dotrajala kola istog tipa kao i ona
Žerarova ali nije mogla – previše brzo, previše
mračno – da razazna unutrašnjost. Prestala je da
korača, zadnja svetla su brzo projurila i nestala
iza oštre krivine; ako je i bilo nemoguće da je vo-
zač ne vidi, bilo je slabo verovatno da ju je pre-
poznao. Viktoar nastavi da ide.

Trudila se da ne usporava kad je na izlasku iz
oštre krivine otkrila simku orizon zaustavljenu
pored puta, s upaljenim pozicionim svetlima,
ugašenim motorom. Viktoar je morala prikupiti
hrabrost da bi prošla normalnim korakom, s
uobičajenim držanjem i odsutnim izrazom lica
ali, kada je došla do kola, staklo je, spuštajući se,
otkrilo jedan od Žerarovih osmeha. Nisam bio si-
guran da ste to vi, reče Žerar, nisam odmah pri-
kočio, i Viktoar ne odgovori. Nije mi izgledalo
moguće, nastavi on, baš se radujem. Odmerava-
jući je pogledom, njegov razvučen osmeh manje
je pokazivao da se raduje nego da se zabavlja,
Viktoar se okrenula da nastavi hod ali čekajte,
reče Žerar, kuda ćete tako, mogu li nekud da vas
povezem? Uđite, i ona uđe.

Osim što je bio nov i boljeg kvaliteta, Žerar je
nosio isti mantil kao i ranije, od istog materijala
i iste boje i Viktoar je na brzinu ošacovala njego-

61

vu cenu, a zatim njen udeo u ukradenom novcu. Žerar je krenuo i prešli su desetak kilometara kad je Žerar prikočio, parkirao auto na nekom privatnom prilazu, ugasio motor, ugasio farove i okrenuo se prema mladoj ženi. Da popričamo malo, reče, da proćaskamo. Dok je spuštao ruku na Viktoarinu podlakticu, osmehom u pomrčini pokaza da se još bolje zabavlja, ama ostavite me na miru, povika Viktoar izmakavši ruku, opazivši uzgred da je to prva rečenica koju je izgovorila tog dana. Ma hajte, reče Žerar. Me na miru, ponovi zbrkano Viktoar. Nemojte stalno isto, podseti je on. Moja lova, reče Viktoar, i Žerar prestade da se osmehuje samo da bi zanjištao prasnuvši u iznenađujuće radostan smeh. Ma kakva lova, razdra se on raširivši ruke u klovnovskoj mimici, i Viktoar reče još moja lova, moje pare što si mi, dok se on još smejao. Razume se da ne to nisam bio ja, nastavi Žerar razvukavši lice u širok osmeh naročito prikladan za retardirane osobe. Čak i da sam bio ja, nemate dokaza. Znam, reče Viktoar, znaš da znam. Dobro, reče Žerar, idite pa se žalite pubovima, zar vam nije bolje sa mnom nego s pubovima?

Govoreći to spustio je jednu ruku na Viktoarino rame a drugu na struk privlačeći je ka sebi, sve pokušavajući da joj zadrži ruke, i baš pre nego što je uspeo da je uhvati tako da se ne mrda Viktoar je imala samo toliko vremena da zamahne s dva prsta prema očima, snažno ih ispruživši ᴗ obliku slova v, a zatim da otvori vrata svom brzinom. Ostavivši muškarca da sam urla i grozno psuje, ona pobeže ponovo ka drvetima, među šibljake i kupinjake gde je, sve do svitanja, izbegavala puteve u strahu da ponovo ne naleti na njega, drhteći, tek ujutro primetivši da je zaboravila plastičnu kesu u kolima.

Potom, jednog vlažnog četvrtka sredinom septembra, jesen se već jasno pokazivala, Viktoar je najpre ušla u kola nekog veterinara pa onda ljubaznog trgovca sportskim artiklima koji se parkirao pred slabo osvetljenim bifeom nasred ledine. Predložio joj je da joj kupi nešto toplo što poželi – mleko, pa onda čaj – popio je nešto s njom pre nego što je izišao na nevreme i Viktoar je ostala sama. Slabo osvetljen ali već pregrejan, taj bife: grejalica na gas postavljena pored šanka bila je odvrnuta na najjače, štraftaste mušeme prekrivale su stolove, krute zavese visile su na prozorima, nepotpuna zbirka boca čekala je iza šanka ispod šest razglednica nikada poslatih nekuda daleko, koje su prikačili špenadlama a onda su ih zasrale muve iza malog niza trofeja. Osećalo se na domaću kuhinju i na sodu, na medenjake i bajatu kobasicu.

Malo ljudi, gazda kao da je sam povremeno odlazi do podruma i dvorišta i, osim Viktoar, dva gosta, stalni potporni stub stoji za šankom, drugi privremeni u prolazu, sedi. Ćute. Ponekad, da bi ispunio tišinu, stalni se obraća gazdi koji ne od-

govara kad je tu, pa onda onom sluča͜
zadovoljava time da klima glavom. Ča͜
brine da popuni prazninu zajedno s termo͜
grejalice na gas, koja ciklično ispušta kratke ͙
gušene plamenove. Vrućina je, neka žena uđe i
iziđe u dva navrata, svaki put nešto kaže, možda
da je previše vrućina, mada se ne razaznaje jasno
šta kaže i kome. Gost u prolazu na kraju iziđe a
stalni ućuti, i čak se i ne okrene kad se otvore
vrata i pojavi se Luj-Filip.

Pošto su naglo prešle iz vlažne hladnoće u sa-
unu bifea, Luj-Filipove naočari se zamagliše čim
je prekoračio prag. Ne skidajući ih kako bi ih
obrisao, Luj-Filip prođe kroz lokal a da mu se
oči nisu videle, skrivene iza džepne magle. Kad
stiže do šanka, pošto je naručio tihim glasom,
Luj-Filip okrenu svoja slepa stakla ka sali a za-
tim, okrenuvši ih ka Viktoar, priđe njenom stolu
i sede naspram nje. Tada para poče polako da ne-
staje i, simetrično, na svakom staklu počev od
sredine, Viktoar najpre razazna samo crnu tačku
u svakoj od zenica, a zatim, postepeno, dužicu i
beonjaču. Luj-Filip sačeka da mu oba oka cela
budu vidljiva, sve do obrva koje su uzjahale
okvire, da bi progovorio.

Feliksov slučaj je zatvoren, saopšti joj on, ne
treba više na to misliti. Na kraju su ga arhivirali
odbacivši svaku Viktoarinu odgovornost. Mada
je njen nestanak najpre izazvao zanimanje, samo
uzgred su razmatrali mogućnost da bilo u čemu

sumnjaju na nju. Nema sumnjičenja, pa čak ni pretpostavki: sad može da se vrati u Pariz. Ne nudim ti da te povezem, idem u drugom pravcu, za Španiju. Dok joj je govorio, Viktoar je sve vreme posmatrala Luj-Filipa s ravnodušnim izrazom i ne odajući utisak da baš dobro shvata. Svejedno, iste večeri, sporednim putevima je stigla u Bordo, tamo se postavila pored naplatne rampe na autoputu i deset sati kasnije obrela se u Parizu.

Poluteretnjak skanija ljubičaste boje ostavio ju je na raskrsnici gde se odvaja put za Mec, odatle je Viktoar pešice otišla do kapije Bersi i produžila pored slavoluka Maršala ka severu. Kapija Montrej, skrenula je levo u ulicu Avron ka Nasionu dakle je pošla, stalno u pravcu severa i duž ose metroa, središnjom alejom bulevara koji se smenjuju preko Per-Lašeza, Belvila i Staljingrada.

Posle La Šapel koju su zauzele barake lunaparka, Viktoar je nastavila ulicom Rošešuar a zatim ulicom Kliši, ne silazeći s aleje po sredini koja predstavlja nasip između dve plime vozila koje nadiru u suprotnim smerovima. Taj nasip, s nameštajem od klupa i drveća, pun je besposličara, staraca, imigranata, ponekad sve troje istovremeno, koji sede na klupama, pod drvećem, i gledaju kako im pred nogama leprša opalo lišće i zgužvana hartija. Kad bulevar Batinjol prelazi preko šina na stanici Sen-Lazar, Viktoari mora da je pala na um ili se u njenom duhu uobličila neka misao, jer od tog trenutka joj korak postade brz i siguran. Opet je skrenula levo u ulicu Rom, niz koju se spustila, bacajući poglede na violine u izlozima, do stanice.

Pod tavanicom od bojenog drveta, metalnih prečki i armiranog stakla, sala izgubljenih koraka na stanici Sen-Lazar je dugačak pravougaonik obložen s obe duže strane automatima za izdavanje karata. Poprečne ivice na zapadu je zauzeo Snek Sen Lazar Pivnica, a na istoku dvodimenzionalni komemorativni spomenik agentima mreže palim za Francusku. Ispred sneka, tik uz stakleni kavez s dvojicom stražara odevenih u crnu plastiku koji nose aparate oko pojasa, nalazi se sala za prodaju karata za duge linije u koju je ušla Viktoar.

Jedan časovnik, dva video ekrana ukrašavaju salu, sa shematskom mapom Francuske u čijem srcu se nalazi lokomotiva u daljini. Viktoar se uputila ka šalteru 14 ispred kojeg se, uvek isti i drugi poput oblaka, red stalno obnavljao. Šalterski službenici su stajali iza zavesicom boje lavande zaklonjenog stakla na čijoj sredini se nalazi kružni otvor. Kandidati za putovanje su se, kroz tu rupu, obaveštavali čitajući spisak popusta kako bi povratnu kartu dobili po najnižoj ceni. Udostojivši ih samo jednog pogleda, šalterski službenici bi otkucali zahtev na tastaturi i zatim saopštili cenu usluge. Viktoar zauze mesto i, kad je došla na red, u pola glasa izgovori samo Luizino ime.

S druge strane stakla, mlada žena živo diže glavu razrogačivši oči. Šta radiš ovde, upita Luiz. Dobro sam, reče Viktoar, sasvim sam u redu. Pogledavši Viktoarinu odeću, njenu kosu a zatim i njen izraz lica, Luiz je izgledala kao da je na ivici da nešto prokomentariše a zatim, predomislivši se, oćuta. Objasniću ti, reče Viktoar. Slušaj, reče Luiz, obrvom pokazujući novi red koji se već stvorio iza Viktoar, nemam previše vremena, kaži, šta ti treba? Kuda ćeš? Imaš neki popust? Ne, reče Viktoar, nikuda ne idem. U stvari se vraćam. Objasniću ti, obeća ona još jednom, a da li bi mogla da me primiš da prespavam večeras, samo jednu noć? Nije mi baš zgodno, reče Luiz, malo je teško. Sad živim s Polom, sećaš se Pola, znaš kakav je. A osim toga, znaš šta je ljubav, uvek ista stvar, sažaljenje ili odraz.

Začuđujuće je to što ova kružna rupa u staklu, smišljena zato da bi prenosila obaveštenja strogo vezana za železnicu, pravilnije ivice nego što je bila ona koju je Viktoar videla, šest meseci ranije, na Luj-Filipovim kolima, može da prenese ovakva gledišta a da se ceo sistem ne raspadne. Pokušaj bolje da vidiš možda s Lisjenom, predloži Luiz, imaš adresu? Čini mi se, promisli Viktoar, u trinaestom arondismanu? Zapisaću ti, reče Luiz, u dnu bulevara Arago, imaš li nešto para kod sebe? U stvari, reče Viktoar, nemam. Drži, reče Luiz.

O PISCU I DELU

Žan Ešenoz rođen je u Oranžu 1947. godine i najpre se školovao u Rodezu, Lionu, Marseju i Parizu, gde se nastanio 1970. godine. Godine 1979. objavio je svoju prvu knjigu, *Grinički podnevak*. Kasnije su došle knjige *Čiroki* (nagrada Medisi 1983), *Mučna nepromišljenost* (1987), *Zauzimanje zemljišta* (1988), *Jezero* (Velika nagrada Društva ljudi od pera, 1989), *Nas troje* (1992), *Velike plavuše* (nagrada Novembar, srebrna medalja Francuske akademije, 1995), *Godinu dana* (1997), *Odlazim* (Gonkurova nagrada 1999) *Žerom Lindon* (2001), *Za klavirom* (2003).

Preveo je nekoliko knjiga Starog i Novog zaveta, zajedno s drugim prevodiocima. „Smatrao sam da nemam neophodnu kuluturu, bilo je to zastrašujuće. Ja sam zanatlija. Mehaničar rečenice, odeljka, poglavlja. Bio sam zabrinut, blokirala me je pomisao da treba da ostanem u službi teksta. Bio sam zaprepašćen kakav je uticaj na moju osobu imao taj prevod. U euforiji poteškoća, često mi se dešavalo da me taj posao zadrži do duboko u noć. Dok ne padnem od umora. U mom poslu romansijera, nikada ne radim noću.“

Žan Ešenoz je autor čije knjige pripadaju onoj vrsti koja izmiče svakoj jednostavnoj klasifikaciji, za koje osećamo da umeju da ponude duboko poznavanje sveta. On polazi od detektivskog romana, a detektivski roman, barem do Rob-Grijeove verzije, nije dopuštao razaranje identiteta. Ako se pitanje identite-

71

SADRŽAJ

Izdavačko preduzeće
RAD
Beograd, Dečanska 12

*

Glavni urednik
NOVICA TADIĆ

*

Grafički urednik
MILAN MILETIĆ

*

Lektor
MIROSLAVA STOJKOVIĆ

*

Nacrt za korice
JANKO KRAJŠEK

Digitalizacija slova
DARKO STANIČIĆ

*

Za izdavača
SIMON SIMONOVIĆ

*

Štampa
Elvod-print, Lazarevac

Tiraž 1000

CIP – Каталогизација у публикацији
Народна библиотека Србије, Београд

821.133.1-31

ЕШЕНОЗ, Жан

    Godinu dana : roman / Žan Ešenoz [s francuskog prevela Aleksandra Mančić]. – Beograd : Rad, 2004 (Lazarevac : Elvod-print). – 75 str. ; 20 cm. (Biblioteka Reč i misao ; knj. 559)

Prevod dela: Un an / Jean Echenoz. – Tiraž 1.000. – Str. 71–73: O piscu i delu / Aleksandra Mančić.

ISBN 86-09-00866-5

COBISS.SR-ID 117007628

www.ingramcontent.com/pod-product-compliance
Lightning Source LLC
La Vergne TN
LVHW021620080426
835510LV00019B/2677